LES

PRÉTENDANTS

Les Bourbons. — Les D'Orléans. — Les Bonaparte. — La Commune. — La République démocratique.

PAR

ALEXIS ROUQUIER

Prix : 50 cent.

CANNES

TYPOGRAPHIE NOUVELLE, A. MARQUÈS.

1871.

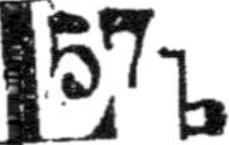

LES

PRÉTENDANTS

LES

PRÉTENDANTS

PRÉAMBULE

La France espionnée, surprise, vaincue, rançonnée, mutilée par la Prusse, semble attachée, à cette heure, sur le rocher de Prométhée. Après avoir mis sa confiance dans un plébiscite, qui devait lui ouvrir une ère de paix, de conciliation et de tranquillité, elle a cru à la trahison. Alors elle s'est déchirée le cœur, les entrailles, les membres, puis avec le tronçon d'épée qui lui restait, et ne pouvant accomplir assez vite son œuvre destructive, elle a employé le feu, le poison et le nitro-glycerine. Enfin, aujourd'hui étendue sur un brasier mal éteint qui répand encore l'odeur du cadavre brûlé et d'un sang corrompu, elle n'attend plus, semblable à une agonisante, que la résurrection ou la mort.

Ce cataclysme ne date pas de la dernière guerre, il remonte à vingt ans, et nous le prouverons dans le cours de cet opuscule. Si la France a été vaincue, on ne doit point en accuser la valeur de ses enfants, mais un pouvoir vermoulu et abâtardi, auquel les intérêts nationaux étaient sacrifiés et qui dansait aux Tuileries ou chassait à Compiègne, pendant que de Molke étudiait nos défilés, nos places fortes et que de Room dressait ses bataillons.

Après le désastre de Sédan, une révolution eut lieu à Paris où l'on proclama la République et la déchéance de l'empire.

Quelles ont été les causes, le caractère, la forme et le but de cette révolution ?

La cause de cette révolution — parisienne d'abord — et acceptée ensuite par la France entière, ne peut être attribuée qu'à la colère d'un peuple vaincu et désireux de remettre en de meilleures mains ses destinées et sa défense.

Le caractère en a été tout pacifique, puisque pas une goutte de sang n'a coulé. Tout au plus si l'on peut appeler la révolution du 4 septembre une effervescence extraordinaire, causée par un désastre inoui, d'autant plus qu'un pareil cataclysme, complètement inespéré, était encore inconnu à la nation française.

La forme était l'aspiration à un principe désiré depuis quatre-vingts ans.

Le but a été de chasser l'étranger, de se venger de la honte subie depuis 1852, et d'infliger un châtiment exemplaire à ceux qui avaient entrepris cette guerre néfaste.

I.

LE JUGEMENT DE L'EUROPE

—

Après le désastre de Sédan, l'Europe, qui ne voyait que la surface des choses, fut surprise de notre nouvelle révolution et s'écria :

«Comment,Paris qui,il n'y a que quelques semaines,se transportait à la gare du Nord avec des chants patriotiques et en poussant les cris : A BERLIN; lui qui, quelques mois auparavant, donnait trois cent mille *oui* au plébiscite, peut-il en vingt quatre heures oublier, vilipender, exécrer le sauveur de 52?» Mais après avoir compris la justice et la nécessité de ce gigantesque mouvement, elle nous a applaudis. Ce qu'elle n'a pu concevoir et ce dont elle a été terrifiée, ce sont les incendies et les atrocités qui en ont été la suite. Alors, et avec raison, elle a ajouté : « Mais quel est donc ce peuple que nous avons plaint et approuvé en septembre ? Nous avons cru un moment à la résurrection de 89 lorsque nous ne voyons plus qu'une nation de braillards, d'enthousiastes, d'insensés et de magots, une nation dégénérée, dépravée, corrompue, se grisant avec le discours d'une réunion publique ou une proclamation ridicule, riant aujourd'hui de l'émeute qui noie les sergents de ville, et applaudissant demain ces agents lorsqu'ils conduisent des égarés dans une forteresse. Mais quel est donc ce peuple, a-t-elle répété à chaque nouvelle épreuve ? est-il par excellence le représentant de la bêtise humaine ou bien une famille de trente sept millions de farceurs?..... il n'existe donc rien de sérieux dans ses affections, dans ses témoignages, dans ses manifestations et dans ses déclarations ? Nous n'assistons donc depuis près d'un siècle qu'à la décadence d'une nation qui a la prétention de régénérer les autres, qui ne parle plus que de principes , et qui n'en a aucun, qui court après un problème, le résout aujourd'hui, le complique demain, l'embrouille après-demain et crie constamment au scandale, à l'opression, au despotisme, à la trahison, qui jette les cendres de Mirabeau dans la Seine après les avoir portées au Panthéon, qui tranche, avec le même couperet, les têtes de Louis XVI, de Danton, de Robespierre, qui se fabrique un empereur d'un sous-lieutenant d'artillerie, puis, fatiguée d'empire, de gloire et de batailles, le laisse exiler sans récrimination.

« Elle acclame ensuite Louis XVIII, fusille Ney et Labédoyère, met les débris d'Austerlitz et de Wagram en demi-solde et forme les cadres de ses régiments avec des émigrés........ »

Mais ce qui a surpris l'Europe, c'est cette série de révolutions s'enchevêtrant les unes dans les autres depuis 1830 et n'aboutissant qu'à des déceptions nouvelles. Elle se demande encore « comment après avoir chassé Charles X et Louis-Philippe, les avoir remplacés par Dupont de l'Eure et Cavaignac, avoir élu un prétendant, digéré Décembre, envoyé mourir, sans mot dire, ses soldats à Solférino, à Puébla, à Pékin, à Mentana et à Sédan, ce peuple se jette aujourd'hui dans les bras d'un vieillard — taxé de réactionnaire il y a un an — pour qu'il le sauve de la Commune et lui forge une République à sa façon. »

Voilà quel est le jugement de l'Europe à notre encontre, tel est, depuis quatre-vingts ans, le bilan de la famille française.

Jamais peuple n'a présenté tant de crudité, tant d'inconséquence, tant d'affaissement moral;—et le problème n'est pas résolu, il se complique de nouveau, et après mille calculs libéraux ou liberticides, ridicules ou contradictoires, nous démolissons après avoir élevé. Les grands hommes de la veille deviennent les pygmées du lendemain ; les espérances se changent en défections, les transformations se succèdent. Après la royauté, nous avons l'empire, après l'empire la République, et, après la République c'est encore à recommencer.

Pauvre France ! Pauvre Patrie !

II.

UN ESSAI INDISPENSABLE

—

A cette heure, la France terrassée, n'a pas besoin de révolution, car elle est à un tiers dévastée, à un quart incendiée, à un cinquième écloppée, et toute couverte de deuil. Est-il bien opportun de rechercher la monarchie qui nous musèlera lorsque quatre révolutions nous ont appris qu'au bout d'un certain temps elles ont besoin du canon pour gouverner ? En face d'une pareille situation, pourquoi n'essayerions-nous pas la République avant de retourner à la monarchie ? Pourquoi ne donnerait-on pas satisfaction aux républicains?

Voyons, quel est l'homme qui, ayant quelques notions de nos mœurs politiques, se refuserait à tenter l'épreuve de ce mode de gouvernement? Qui est celui qui ne prévoit pas que cet essai est indispensable à moins de

courir à une nouvelle révolution ? La France connaît
la politique des Bourbons, des Orléans, des Bonaparte
et de la Commune, tandis qu'elle ignore la véritable
politique républicaine.

On nous répondra : Mais 1793, 1848, 1870 nous ont
fourni des échantillons. Erreur, mille fois erreur ; l'essai n'a jamais pu se faire d'une manière pratique, et,
à aucune de ces trois époques, la véritable République
démocratique n'a pu nous doter de ses bienfaits. C'est
ce que nous allons prouver.

En 1793, l'étranger nous harcelait, la noblesse conspi-
rait et la France, effrayée par les scènes de terreur, se
jeta dans les bras d'un despote. Elle ne manqua ni de
génie, ni de grandeur, mais elle manqua de sang-froid.

1848 fut une surprise. Le crédit fut ébranlé, le travail interrompu et la transformation difficile, vu les
immenses obstacles que rencontra la forme républicaine dans les campagnes.

1870 est arrivé à la suite d'un désastre : aussi a-t-il été
peu facile d'implanter les principes républicains sous le
canon de l'ennemi. C'est à peine si la tâche commence
aujourd'hui.

Or, ces trois révolutions n'ont été que des tempêtes
sans une heure de calme ni de repos. Trop confiantes
dans les anciens partis, elles ont vécu avec eux sans
méfiance et sans savoir où le courant les conduisaient ;
puis, sapées par la main de leurs propres enfants, deux
sont tombées sous le poids d'entraves incessantes, et
la troisième n'est encore qu'à l'état de fœtus dont l'a-
venir est tout mystère.

Depuis près d'un siècle nous aspirons à établir la
forme républicaine, et toutes les fois qu'elle a paru au
pouvoir elle a eu à supporter la guerre des clubs, les
orgies des journalistes de lupanar, et les luttes de la
rue. Il fut même un temps où l'abberration fut poussée
si loin que Théroigne de Méricourt éclipsa Mirabeau,
que Lamartine, Armand-Marast furent ridiculisés par
Guignol, et Gambetta, décrié par ses lieutenants.

Aujourd'hui les temps sont changés. L'émeute est
vaincue, les démolisseurs et les incendiaires sont ar-
rêtés ; nous ne sommes point en mesure de faire la
guerre , personne n'est disposé à jouer le rôle de Monck.
Nous sommes initiés aux actes infâmants du passé ;
nous savons ce que valent les Italiens et les Polonais
de la Commune, ce que coûte une liste civile, où con-

duisent les échauffourées de Strasbourg et de Boulogne, la confiance qu'on doit accorder à une Charte, où mènent le droit divin et les royautés bourgeoises, c'est dire que nous n'avons besoin ni de discuter, ni de philosopher, ni d'analyser les monarchies. Notre rôle consiste à nous appliquer à fonder une République honnête, et d'en faire l'épreuve. Tout autre route, nous le répétons, nous conduirait à une nouvelle révolution et pareil malheur serait un cataclysme qui nous engloutirait définitivement.

III

LES BOURBONS

—

Nous allons maintenant passer en revue les divers prétendants qui aspirent à gouverner la France, et dire pour quels motifs nous croyons les monarchies momentanément inpossibles.

En première ligne, nous trouvons Henri de Bourbon, Comte de Chambord, né le 29 septembre 1820, fils posthume du duc de Berry, assassiné par Louvel le 13 février 1820, à sa sortie de l'opéra, et de Marie-Thérèse-Caroline de Naples, fille de François 1er, roi des Deux Siciles. Il est partant l'héritier direct du trône. Ses droits sont monarchiquement acquis et incontestables; mais les principes de 89 ayant, à diverses époques, produit des tourbillons révolutionnaires qui, de leurs souffles, ont renversé les arbres généalogiques des potentats, il fut obligé, à la suite d'une de ces rafales, de fuir à l'étranger.

Le Comte de Chambord a aujourd'hui cinquante ans. Il quitta la France en 1830 avec le roi Charles X, son aïeul. Il n'avait alors que dix ans.

Vers la fin de 1832, la duchesse de Berry, — sa mère, — voulant revendiquer le droit de son fils, passa en Vendée pour insurrectionner cette province et nous donner une deuxième édition de la Chouannerie ; mais trahie par le juif Deuzt, elle fut arrêtée et détenue plusieurs mois dans le château de Blaye, sous la garde du général Bugeaud, puis rendue à la liberté au commencement de 1833,

Nous venons de dire que le comte de Chambord a quitté la France depuis 1830, qu'il n'avait alors que dix ans. Maintenant nous osons nous demander comment un homme de cinquante ans, qui en a passé quarante dans l'exil, peut connaître les besoins et les aspirations d'un peuple qu'il désire gouverner. A ce sujet nous nous posons les questions suivantes : Pendant ce laps de temps a-t-il mis la solitude à profit pour étudier le caractère nouveau des Français ? s'est-il initié aux institutions démocratiques? les connaît-il ? les accepte-t-il? Nous pouvons répondre à ces questions par la négative. Pour s'en convaincre, on n'a qu'à jeter les yeux sur les journaux qui défendent la cause du droit divin et le lecteur le plus vulgaire comprendra que le comte est resté complétement étranger aux idées de notre siècle. On saura en outre que ses salons n'ont jamais été fréquentés que par des nobles datant de l'émigration, par des évêques réclamant le pouvoir temporel, et par des pages à livrées s'inclinant devant la majesté royale de leur maître. Pour ces motifs, il est impossible qu'il n'ignore pas les grandeurs du suffrage universel — base de la société nouvelle — qu'il ne soit pas antipathique aux idées de Voltaire et de Rousseau, qu'il ne considère pas l'instruction laïque, gratuite et obligatoire comme un progrès malsain, qu'il ne soit pas un admirateur des élucubrations des Veuillot et des Dupanloup, qu'il ne regarde pas les Washington et les Garibaldi comme des ennemis, qu'il puisse comprendre comment le fils d'un aubergiste devient roi, un brasseur de bierre, maréchal de France, ou bien de qu'elle manière le frère d'un métayer peut être ministre et un surnuméraire, membre de l'académie.

Il doit aussi savoir que, sous ses ancêtres, on vendait les régiments aux fils de familles, qu'on se battait pour le roi et non pour la nation, que la presse était muselée, le droit d'association inconnu, la liberté de la tribune restreinte, les scandales ignorés, la bâtardise tolérée, le droit d'aînesse en vigueur et les prisons d'État sans contrôle. Donc, il faut conclure qu'il existe une barrière infranchissable et pleine de préjugés entre l'ancien et le nouveau monde, entre la monarchie des

Bourbons et la République. On serait obligé de remonter bien haut pour reprendre les traditions des fleurs de lis.Bayard,Duguesclin, Turenne, Condé sont inconnus de notre génération.On ignore généralement l'époque où ils vivaient, leurs exploits, les lieux de leur naissance, et ce serait une dérision si l'on croyait faire mouvoir les masses en invoquant de pareils noms.De plus,pas un libre-penseur de notre siècle, pas un philosophe moderne n'a chanté la gloire des Bourbons, excepté toutefois Chateaubriand qui, avec sa *chair à canon* et son *Buonaparte*, afficha par trop ouvertement sa haine envers l'empire. S'il n'y avait pas eu de Napoléon, Châteaubriand aurait été en opposition avec Louis XVIII. Enfin, partout, dans le peuple et la bourgeoisie, nous ne rencontrons aucune sympathie pour la monarchie du drapeau blanc.

Un jour, M. Thiers, parlant des Bourbons, à propos de l'abrogation de la loi d'exil, disait « que la branche aînée représentait l'honneur de la France. » Le grand historien nous permettra de n'être pas totalement de son avis, et,quelques faits historiques que nous allons faire passer sous les yeux de nos lecteurs, prouveront que l'appréciation du chef de l'exécutif n'est pas entièrement juste.

Le cadre de notre brochure étant trop restreint pour y relater toutes les taches de la race Capétienne, nous nous bornerons à relever les principaux faits qui ont attristé les trois derniers siècles.

IV

LES BOURBONS

*La Saint-Barthélemy. — La révocation de l'Édit de Nantes.
— Les Cévennes.*

Le dimanche 24 août 1572,fête de la Saint Barthélemy, la cloche de Saint-Germain l'Auxerrois, à Paris, donna le signal du massacre de la noblesse du parti protestant qui, depuis plusieurs années, gênait le gouvernement royal avec lequel il traitait sur le pied de l'égalité. Les soldats se ruèrent sur les Huguenots, s'attachèrent surtout à faire périr les nobles et à piller les hôtels, à l'instigation du duc de Guise et de Catherine de Medicis, qui eux-mêmes étaient tout puissants sur le faible esprit du roi Charles IX. Le massacre dura toute la semaine. Les gentilshommes qui logaient dans le Louvre ne furent pas plus épargnés que les autres, et tous les cadavres furent jetés dans la Seine, excepté deux, celui du libraire Audin-Petit, qu'on enterra dans sa cave, et celui de l'Amiral de Coligny, horriblement mutilé par le peuple et pendu par les pieds. Un grand nombre de villes imitèrent la capitale : Lyon, Orléans, Saumur, Angers, Rouen, Bourges, Toulouse, Troyes, Meaux, Bordeaux eurent leur Saint-Barthélemy. Le nombre des morts est difficile à préciser. Péréfixe le porte à 100 mille, Sully à 70 mille, Mézerai à 30 mille, la Popélinière, auteur calviniste, à 20 mille. Toujours est-il qu'on fit une horrible hécatombe et que le massacre de la Saint-Barthélemy est un attentat au droit des gens, à la justice humaine, à la liberté de conscience, un crime monstrueux porté sur le dossier des descendants de Saint Louis et que rien ne saurait excuser ni justifier.

Henri IV, qui aimait la justice, chercha pendant son règne à faire disparaître les traces de ces terribles journées : aussi promulga-t-il, 26 ans après, un édit en faveur des protestants, qui leur accordait le libre exercice de leur religion et l'admission aux charges et aux dignités de l'Etat. Louis XIV révoqua cet édit (édit de Nantes) en 1685 et exila les protestants du royaume.

La révocation de l'édit de Nantes fut le signal d'une nouvelle prise d'armes entre les protestants et les catholiques. La lutte recommença dans les Cévénnes et se changea ensuite en une guerre d'escarmouches qui dura près de 70 ans. Le supplice de Calas et les persécutions exercées par les dragons du roi ne furent rien en comparaison des orgies commises par les camisards blancs et les camisards noirs, dont les premiers étaient des voleurs drapés dans l'habit de religionnaires venus par bandes de la Provence, et les seconds, des catholiques fanatisés qui, volontairement, s'enrôlaient dans les troupes du gouvernement.

De pareilles représailles doivent tenir en garde les populations d'aujourd'hui contre ceux qui rèvent le retour de la monarchie du droit divin. Elles doivent ouvrir les yeux au peuple français sur les malheurs incalculables que nous ont amené les luttes religieuses. Si nous faisons suivre notre récit de ces quelques réflexions, c'est pour prouver que Henri V, remontant sur le trône de ses ancêtres, essayerait de rétablir le pouvoir temporel des papes, ce qui nous jetterait inévivitablement dans une guerre qui serait peut-être plus terrible que les massacres de la Saint-Barthélemy et les Dragonnades des Cévennes.

V

LES BOURBONS

Le Parc-aux-Cerfs.

—

Nous aurions une série de pages scandaleuses à écrire sur la dépravation de la cour de Louis XIV et de Louis XV. Mais notre plume ne pouvant s'étendre sur certains faits trop délicats, nous nous bornerons à ne citer que les noms de Mlle de Lavallière, de Mme de Montespan, de Mme de Maintenon, veuve du poëte Scarron, et de la Pompadour. Versailles afficha une telle immoralité pendant ces deux règnes que l'Europe en rit et en rougit en même temps. L'orgie fut même poussée à son dernier paroxisme le jour où le Parc-aux-Cerfs, destiné aux chasses des princes, fut converti en harem. De jeunes filles, recrutées par de vieilles duégnes, étaient emmenées en ces lieux de corruption, puis, la débauche ayant accompli son œuvre, Louis XV les renvoyait cacher leur honte au fond d'une province, ou dans la colonie du Canada, après les avoir dotées et mariées à un inspecteur des forêts ou à un capitaine de maréchaussée.

VI

LES BOURBONS

La Féodalité

—

Maintenant jetons un coup d'œil sur cet arsenal de priviléges qu'on décorait du nom de fiefs, dîmes, redevances. servages et autres tyrannies odieuses, que l'Assemblée nationale abolit le 4 août 1789, et qui constituaient l'apanage exclusif des grands.

Voici l'abrégé historique de ces charges accablantes que le peuple français a eu à supporter pendant plusieurs siècles.

Il fut un temps où les hommes faibles et pauvres se groupèrent autour des plus forts et des plus riches, leur promirent fidélité et entière dépendance, ne leur demandant en échange que leur protection. Cette chaine de soumission et de protection embrassa successivement toute l'Europe,et lia ainsi la société depuis le monarque le plus puissant jusqu'au plus humble serf.

Sous ce régime, appelé la *Féodalité*, les véritables et grandes propriétés territoriales étaient au pouvoir d'un petit nombre de privilégiés dont le chef se nommait *seigneur*, et était duc ou comte, suzerain ou vassal, selon son degré d'élévation dans l'échelle sociale.

Ces usurpations illégales du puissant contre le faible remontent aux monarchies barbares. Louis-le-Gros les établit régulièrement en France en 1135 par un édit et institua desjuges royaux pour régler les obligations du serf envers le seigneur. Les monarchies ont-elles jamais essayé d'affranchir les peuples de ces servitudes? hélas non. Il nous a fallu une révolution comme celle de 89 pour passer l'éponge dessus.

La branche des Bourbons, pendant les deux siècles qu'elle a gouverné la France, a-t-elle produit une seule loi pour émanciper les faibles ? Au contraire, elle souffrit que le clergé proclamât ouvertement que, *la liberté n'appartenait ni aux peuples ni aux rois,*mais qu'elle ne relevait que du droit divin. Il fallut que des hommes de l'école nouvelle,tels que Condorcet. Pétion,Siéyés. Carnot, etc, vinssent, sous forme de décret législatif. sanctionner les droits de l'homme. En cela, ils ne firent que suivre l'exemple de l'Amérique du Nord, en 1776, de ce pays devenu, sous l'empire des lois républicaines, le plus puissant, le plus heureux et le plus industriel de l'univers.

VII

LES BOURBONS

La Restauration

—

Si on interroge l'histoire contemporaine, on trouve des pages qui ne sont guère plus riches que celles de la Saint-Barthélemy, des Cévennes et de la féodalité. Les Bourbons, qu'un exil de vingt-cinq ans aurait dû convertir aux idées libérales, revinrent au contraire aigris par le malheur et n'acceptèrent que timidement les transformations qui s'étaient opérées pendant leur absence.

Nous avons sous les yeux à ce sujet un dossier capable de nous confirmer dans l'opinion que nous avons émise plus haut.

Après avoir conspiré et dansé à Coblentz en 1792, ils sont rentrés en France en 1814 et 1815 à la suite des Cosaques, proclamant l'amnistie et promettant de jeter un voile sur le passé. Ont-ils tenu parole ? non. Ils ont lâchement laissé assassiner Brune; ils ont froidement laissé fusiller Ney, Mouton-Duvernet, Labédoyère; ils ont laissé décapiter sans pitié les quatre sergents de la Rochelle et ils ont annulé la Charte.

Où est donc l'honnêteté de cette monarchie que des intéressés ou des rétrogrades voudraient nous ramener? où sont ses bienfaits, sa gloire, ses progrès, son honneur ?

Hélas! nous sommes obligé de répondre : Néant ! néant ! néant !

VIII

LES D'ORLÉANS

La branche des d'Orléans se compose de deux tiges parfaitement distinctes, la première commence au deuxième fils de CharlesVet finit au frère puiné de Henri IV; la deuxième se compose de la manière suivante :

Philippe Ier *duc d'Orléans*, frère unique de LouisXIV, né en 1640, se distingua aux siéges de Zutphen, de Bouchain, de St-Omer, il mourut en 1701.

Philippe II, *duc d'Orléans*, dit le régent, fils du précédent, né en 1674, nommé par le testamment du roi, président du Conseil de régence. Il se fit reconnaître par le Parlement régent du royaume avec un pouvoir absolu. Louis XV,devenu majeur en 1723,voulut le laisser à la tête des affaires ; mais celui-ci mourut la même année. De honteux désordres, un amour effréné des plaisirs ternirent les brillantes qualités dont était doué ce prince et firent de son gouvernement une époque des plus corrompues de notre histoire.

Louis, duc d'Orléans, fils du précédent, né en 1703, quitta la cour en 1726 et se retira à l'abbaye de Sainte-Geneviève où il se livra à l'étude et aux exercices de piété jusqu'à sa mort arrivée en 1752.

Louis-Philippe d'Orléans, fils du précédent, né en 1725, prit part aux campagnes de 1742,43,44, fut lieutenant général du royaume, puis gouverneur du Dauphiné. Il passa les dernières années de sa vie, protégeant les arts et les savants. Il mourut en 1785.

Louis-Philippe-Joseph d'Orléans, fils du précédent, né en 1747, se montra de bonne heure hostile à la cour. Député à l'Assemblée nationale de 1789 et membre de la Convention en 1792, il prit le nom de *Philippe-Egalité* et vota la mort de Louis XVI. Il n'en fut pas moins lui-même mis en accusation et eut la tête tranchée le 5 novembre 1793.

*Louis-Philippe d'Orléans,*fils du précédent,né à Paris en 1773, proclamé lieutenant-général du royaume, puis roi des Français en 1830, a eu cinq fils dont l'aîné, le duc d'Orléans, né en 1810 à Palerme , mourut d'une chûtede voiture en 1842 laissant deux fils: le comte de Paris, né en 1838, et le duc de Chartres, né en 1840.

Le prétendant à la couronne est donc le comte de Paris, qui a aujourd'hui 33 ans.

Comme le comte de Chambord, son oncle, il a passé la plus grande partie de sa vie dans l'exil, mais si l'on examine les journaux orléanistes, on voit que cette famille a suivi l'impulsion des temps , qu'elle n'est pas inféodée dans les idées rétrogrades comme la branche ainée,et que s'il y a entre elles une parenté de consanguinité, il n'y a nullement pareuté d'opinion.

On nous dit que la fusion est faite, c'est-à-dire que les deux branches forment en ce moment un faisceau de prétendants qui ne produira au besoin qu'un seul et même roi. Je ne crois guère à cet imbròglio monarchique, mais pourtant si les d'Orléans consentaient à un pareil alliage, ils seraient impossibles, comme leur oncle. Ils doivent savoir avant tout que la France n'a pas envers eux les mêmes répulsions que contre les Bourbons. Le drapeau tricolore des *trois glorieuses* n'a pas les mêmes taches que l'étendard aux fleurs de lis de Malplaquet. Leur pratique est aussi éloignée du sybaritisme féodal que des préjugés du Vatican.

Nous avons feuilleté l'histoire des d'Orléans. Après en avoir détaché les orgies du régent, nous n'y trouvons plus rien qui soit en contradiction avec les principes nouveaux.

Philippe-Egalité a été un des préparateurs de la grande Révolution.Les historiens disent qu'il fut un temps où sa demeure(le Palais-Royal)était le centre, le rendez-vousdes républicains et des philosophes du globe.Buffon y vint passer les dernières soirées de sa vie;Rousseau y recevait de loin le seul culte que sa fière susceptibilité permît à des princes ; Franklin et les républicains d'Amérique, Gibbon et les orateurs de l'opposition anglaise, Grimm et les philosophes allemands, Diderot, Sièyes, Sillery , Laclos, Suard, Florian. Raynal, La Harpe et tous les penseurs ou les écrivains qui représentaient le nouvel esprit s'y rencontraient avec les artistes et les savants célèbres. Voltaire lui-même, à son dernier voyage, voulut connaître le prince d'Orléans, qui lui présenta ses enfants. Le philosophe les bénit comme ceux de Franklin, au nom de la raison et de la liberté.

Philippe-Egalité prêta le serment du Jeu-de-Paume. Il se rangea derrière Mirabeau et n'hésita pas à se prononcer pour les réformes les plus populaires. Nommé président de l'Assemblée nationale, il refusa cet honneur pour le laisser à un citoyen.

Le jour où la destitution de Necker trahit les projets hostiles de la cour et où le peuple de Paris nomma d'acclamation ses chefs et ses défenseurs, le nom du duc d'Orléans sortit le premier. La France prit, dans le jardin de son palais, les couleurs de sa livrée pour cocarde. A la voix de Camille-Desmoulins, qui jeta le cri d'alarme dans le Palais-Royal, les attroupements se formèrent: Legendre et Fréron les guidèrent ; ils arborèrent le buste du duc d'Orléans avec celui de Necker, les couvrirent d'un crêpe noir et les promenèrent tête nue dans Paris aux acclamations de toute la population. Tout le monde était de son parti. Il aurait pu ce jour-là franchir les marches du trône, mais il ne voulut pas pousser les choses au-delà de la conquête d'une constitution pour son pays et du rôle d'un grand patriote pour lui-même. Il dédaigna le sceptre et ce sentiment le grandit aux yeux de l'histoire.

Pour donner une idée du caractère de Philippe Egalité, il suffit de savoir qu'à la procession des états-généraux, il laissa vide sa place parmi les princes et marcha au milieu des députés. Cette abdication de sa dignité près du trône, pour se parer de celle du citoyen, lui valut les applaudissements de la nation. Enfin sa conduite fut celle d'un homme qui aspire sincèrement à la république, et dont le titre de premier citoyen d'une nation libre parut plus grand que le titre de roi.

J'ai puisé ces renseignements dans les pages d'historiens profondément républicains: aussi, je n'hésite pas à reconnaître que le bisaïeul du comte de Paris fut un de ces hommes qui donnèrent le plus rude coup d'épaule pour faire crouler le vieux monde. Membre de la convention nationale, il vota la mort du roi comme une nécessité de l'époque (nécessité bien triste, il est vrai). Il mourut lui-même sur l'échafaud, et fut considéré comme une des plus grandes victimes de la révolution française.

Ces lignes étant l'œuvre d'un républicain impartial, nous déclarons consciencieusement que, malgré nos minutieuses recherches, nous n'avons rien découvert dans le dossier des d'Orléans, qui puisse être comparé au passé des Bourbons et des Bonaparte. Une seule question nous divise à leur égard, c'est celle dont l'axiôme dit: *La République est au dessus des monarchies.*

Après avoir lu les séances de l'Assemblée nationale de 89, celles de la Convention, des Cinq-cents, après avoir compulsé l'histoire du Consulat, de l'Empire et de la Restauration ; après avoir été témoin des œuvres de Napoléon III, nous sommes obligé d'avouer que, si jamais la France était forcée de retourner à la monarchie, celle des d'Orléans serait, à notre avis, préférable à toutes les autres. Nous allons le prouver.

On a reproché à Louis-Philippe l'indemnité Pritchard, notre vassalité envers l'Angleterre, l'humiliation de la France vis-à-vis de l'Europe en 1840, les funérailles du général Lamarque, les journées de la rue Transnonain, du cloître Saint-Méry et de la Croix-Rousse ; mais mettez tous ces faits en face des orgies de la branche aînée, des fautes du Bonapartisme, et le républicain sincère n'aura plus les mêmes répulsions pour la monarchie de juillet.

L'empire de 1804 n'a produit que des soldats, la restauration de 1815 que des évêques, l'empire de 1852 qu'une génération dégradée. 1830, au contraire, nous a donné les poésies de Victor Hugo et d'Alfred de Musset, les œuvres littéraires de Balzac, d'Eugène Sue et de Scribes, les peintures d'Horace Vernet et de Delacroix, les discours de Thiers et de Berryer, les pamphlets de Courrier et d'Armand-Carrel, les philosophies de Lamennais, de Lamartine et une quantité d'hommes célèbres qui sont l'honneur de la France. Nous devons ajouter que si ce règne n'a pas précisément produit toutes les grandes intelligences dont nous parlons, il leur a au moins laissé le champ libre pour se développer.

S'il est encore une justice à rendre à la monarchie constitutionnelle de 1830, c'est le choc formidable qu'elle a soutenu contre les épaves du droit divin. Arrivée au pouvoir, elle fut obligée de heurter clergé, noblesse, et avec eux tous les abus, tous les mensonges, toutes les ambitions, toutes les injustices que nous avait ramené l'émigration. Ce fut une contre-révolution après une révolution. Sa première faute fut d'agir trop timidement pour rompre avec le passé : aussi vit-elle surgir des ombrages, des soupçons, des injures, des ressentiments, puis une commotion violente qui amena sa chûte. Sa deuxième faute fut celle de manquer de prudence et de résolution envers les factions. Elle ne fut ni tyrannique, ni cruelle, ni jésuitique. Si l'on consulte les pages de 1830 à 1848, on n'en trouvera pas une seule qui présente un cachet d'infàmie, de honte et de folie, comme les massacres des Cévennes, les débauches du Parc-aux-Cerfs, le crime du duc d'Enghien, les assassinats de la Terreur blanche et les désastres de 1870.

Voilà tout ce que nous avions à dire relativement aux d'Orléans.

X

LES BONAPARTE

Napoléon Ier

—

Nous allons essayer d'esquisser le croquis d'une autre famille de prétendants. Notre àme est attristée, notre cœur est serré en lisant les immenses documents tout maculés de poudre, de larmes et de sang qu'ils contiennent. En les compulsant, il nous semble entendre les cris des victimes sortant de ces paperasses et le bruit des chariots, emportant à l'étranger le fruit de trente années de labeurs. Nous ne savons comment entreprendre la description de tant de forfaits, de tant de despotisme, de tant de représailles immorales et de sacrifices humains. Ces pages dépassent les monstruosités de Caligula, les làchetés de Pierre-le-Cruel, l'ambition insatiable d'Ali-de-Tébelen, les orgies et les scélératesses des Borgia. Nous ignorons, nous le répétons, si notre plume sera assez puissante pour donner un abrégé historique des ignominies de cette famille. Essayons.

Avant le siège de Toulon, personne n'avait encore entendu parler des Bonaparte. Ce nom funeste, qui a tant coûté de larmes et d'or à la France, sortit le 21 septembre 1793 de la gueule d'un canon. Ce jour-là l'atmosphère s'obscurcit, la terre trembla, se noircit de poudre et se rougit de sang humain.

Cet homme extraordinaire, qu'on a appelé Napoléon

1er, promena son glaive des bords de la mer Rouge aux rives du Volga, éclipsa, pendant vingt ans, le droit, la justice, la liberté avec une gloire éphémère et rentra ensuite dans le néant en laissant la France amoindrie et livrée à l'invasion.

Après une campagne heureuse, (la campagne d'Italie) qui révélait en lui un génie militaire de premier ordre, Napoléon 1er alla chercher en Orient des destinées nouvelles. Il passa avec cinq cents voiles à travers les flottes anglaises, conquit l'Egypte en courant, songea alors à envahir l'Inde en suivant la route d'Alexandre, lorsqu'il fut arrêté dans sa marche triomphale par la bicoque de Saint-Jean-d'Acre. Il quitta alors son armée, retourna en France et après avoir essayé d'imiter Alexandre, il imita et égala Annibal en franchissant les Alpes, écrasa la coalition à Marengo et lui imposa la paix de Lunéville.

A propos de la Campagne d'Egypte, on reproche au général Bonaparte d'avoir fait empoisonner les pestiférés de Jaffa. Les attestations de certains historiens permettraient de croire à ce crime, mais, en narrateur impartial et après avoir feuilleté quelques documents sérieux, tels que les Mémoires de Desgenettes, les rapports du Chirurgien Larrey et l'histoire de M. Thiers, le fait nous a paru tellement mystérieux que nous le relatons sans commentaire.

Si le fait précédent n'est pas suffisamment prouvé, le suivant est indiscutable.

En mars 1801, se trouvait au château d'Ettenheim, dans le grand duché de Bade, un prince français de la branche des Condé, qui s'appelait Louis-Auguste-Henri, duc d'Enghien. Il fut enlevé par les ordres du premier consul, emmené à Vincennes, jugé par un simulacre de cour martiale, condamné à mort et fusillé dans les fossés de cette forteresse. Le prince avait 29 ans. Son crime apparent était de s'être battu contre la France, mais son tort réel était d'être doué d'une intelligence hors ligne qui entravait les marches du trône au nouveau César.

Nous devons ajouter que si nous flétrissons, le premier consul d'avoir fait assassiner le duc d'Enghien, nous n'en condamnons pas moins ce dernier d'avoir tiré l'épée contre son pays.

Bonaparte, devenu quelque temps pacifique, jeta par ses lois les bases de la société moderne, puis se lais-

sant emporter par son brillant génie, attaqua de nouveau l'Europe, la soumit en trois journées, Austerlitz,
Iéna, Friedland, et mit sur sa tête la couronne de Char-
lemagne.

En 1796, il s'était marié avec Joséphine Tascher de la
Pagerie, veuve du vicomte de Beauharnais; puis, il la
répudia le 17 décembre 1809 pour épouser Marie-Loui-
se, fille de l'empereur d'Autriche. Il proclama le divor-
ce, c'est-à-dire, qu'il permit au peuple Français de pro-
fiter d'une loi anti-sociale et contraire aux mœurs de
notre pays. Il faut remonter aux temps reculés de Ro-
mulus et de Numa pour voir des potentats permettre
de pareilles infamies à leurs sujets.

Il entreprit en 1808 une guerre injuste et ambitieuse
contre l'Espagne où un demi-million de français péri-
rent sans résultat. De Cadix, il se porta à Moscou et fit,
en 1812, la campagne de Russie où son armée resta en-
sevelie dans les neiges, et, comme en Egypte, il l'a-
bandonna dans sa détresse pour courir à Paris en re-
constituer une nouvelle.

Aveuglé par son orgueil et son ambition, il refusa,
en 1813, de signer le traité de Prague. Ce fut une de
ses plus grandes fautes. Battu à Leipsig, il nous laissa
envahir et fut obligé de quitter la France mutilée, en-
sanglantée, les étrangers dansant sur son cadavre.

Il revint quelques mois après, s'empara encore du
pouvoir, réunit les derniers survivants de cette génération qu'il avait détruite sur les champs de bataille,
et alla les engloutir à Waterloo. Alors la France eut
une nouvelle invasion, l'ennemi foula encore une fois
notre sol, le saccagea, nous mit à contribution, pilla
nos caisses, nos musées, coupa nos forêts et nous in-
fligea une occupation de trente-six mois.

Après avoir vaincu l'Europe, il fut vaincu à son tour
par elle. Il fut déporté ensuite sur un rocher aride et
brûlant de l'Océan où il mourut le 5 mai 1821, à
l'âge de 52 ans, non sans avoir reconnu qu'il avait trop
abusé du peuple français.

Tel fut ce mortel si étrange, si divers, si multiple qui
avait voulu faire de son trône une monarchie univer-
selle, qui sacrifia la liberté d'un peuple à son ambition
personnelle et qui, pour la réalisation de ses projets, im-
mola plus d'hommes que jamais n'en ont immolé les
conquérants asiatiques,

X

LES BONAPARTE

Napoléon II

—

Napoléon II naquit à Paris le 20 mars 1811 et reçut le titre de roi de Rome. Transféré en Autriche, après les événements de 1814, il porta le titre de duc de Reichstadt. Il est toujours resté dans ce pays où il mourut le 22 juillet 1832, sans avoir connu la France.

LES BONAPARTE

Napoléon III

—

Louis-Napoléon Bonaparte naquit le 20 avril 1808 du mariage de Louis-Napoléon, roi de Hollande et de Hortense-Eugénie de Beauharnais. Après la révolution de février, il fut rappelé de l'exil par les électeurs de quatre départements, qui le nommèrent représentant à l'Assemblée nationale. Elu ensuite président de la République française, il prêta serment à la Constitution de 1848. Jusque là on n'avait vu dans le prince qu'un de ces hommes énigmatiques tenant à la fois de l'intrigant, de l'aventurier et incapable de jouer le rôle d'un César; mais lui , espion vigilant et adroit, se croyait au contraire destiné à ressusciter l'empire de son oncle; aussi mit-il son plan à exécution le 2 décembre 1851. Par une nuit obscure, dont l'histoire gardera un triste souvenir, il fit arrêter, garrotter, emprisonner les représentants du peuple à Mazas; puis, appuyant son talon de botte sur la poitrine de la République, sa mère, il la fit rentrer dans le néant. Il retira alors de dessous les pavés amoncelés et les décombres fumants du boulevard Bonne-Nouvelle, cet empire qui nous a laissé la décadence, la dépravation, la honte; cet empi-

re qui nous a légué 15 milliards de dettes,les cimetiè-
res agrandis, le nord de la France dévasté, les Prus-
siens sur notre sol, une génération d'écloppés, quinze-
cents communes en Alsace et en Lorraine,qui pleurent
la patrie ; cet empire qui déporta sans jugement les
citoyens d'une sainte cause ; cet empire qui osa
dire à Bordeaux : *Je suis la paix*, mais qui fit la
guerre d'Italie, — la plus grave de toutes ses fautes, —
la guerre du Mexique dont le but fut un mensonge et le
résultat un meurtre; la guerre de Cochinchine qui eut
pour motif une dérision et pour avantage des millions
ajoutés à nos déficits , les merveilles du chassepot à
Mentana, insulte flagrante à la liberté italienne, et enfin la guerre des Teutons qui a été un désastre.

Voilà les œuvres de Napoléon III, voilà cette paix si
solennellement promise dans la capitale de la Gironde.

Plus ambitieux que clairvoyant, il a toujours joué la
grandeur de la France dans des guerres de hasard.
L'histoire reprochera à ce monarque d'avoir voulu fonder le trône de son fils par une guerre impolitique
sans y être préparé, et d'avoir sacrifié ainsi le repos et
l'honneur de la nation française à des intérêts pure-
ment dynastiques. Aujourd'hui, nonobstant toutes les
plaintes et les larmes de la patrie mutilée, ses sbires et
ses alguazils se sont frayé un passage à travers les ruines qu'ils a amoncelées , et, ils rôdent la nuit autour
des Tuileries pour reconnaître si parmi les décombres
que l'incendie n'a pu détruire, ils ne découvriraient pas
des éléments capables pour reconstruire un trône.
Pourtant cet homme,que la Providence a placé pendant
vingt-ans à la tête d'un grand peuple devrait se rendre
justice et accepter avec plus de résignation le prix
mérité de ses fautes,

XI

LA COMMUNE DE 1871

Il existe un quatrième prétendant, si l'on peut appeler ainsi les Argousins qui ont incendié Paris. Ils ont baptisé leur cause du nom de Commune et ont voulu imiter les Robespierristes de 93; mais il les ont dépassés. Si on la considérait dans ses atrocités, on serait tenté de croire qu'elle a pour but : la destruction de la religion, la suspension du travail, le partage du capital et l'abrutissement de la famille. Les moyens qu'elle a employés pour régner sont ignobles, et l'histoire écrira un jour ses forfaits en lettres de sang. La Commune de la première révolution avait fait croire à un principe, celle de 1871 ne possédait rien de son aînée.

Ses sectaires sont des fous ou des égarés, des exaltés ou des imbéciles ; peu sont honnêtes, tous sont grotesques ou ambitieux. Si on juge la Commune de 1871 par ses actes, on ne peut voir en elle que la prostituée d'une honorable famille, allant jouer à la débauche dans des marais fétides et honteux avec des misérables.

Depuis 80 ans elle a condamné tous les pouvoirs et n'a reconnu que trois grands hommes : Robespierre, Saint-Just et Marat. Son drapeau ,couleur de sang, n'a pas dépassé le champ de Mars où il a été traîné dans la boue. Elle n'a accepté ni Voltaire, ni Mirabeau, ni Danton, ni Lamartine, ni Gambetta. Elle n'a pas de fils, elle les a décapités sous la première République. Elle n'a pas de frères, elle les a fusillés sous la seconde. Elle n'a plus de mère, elle a tenté de l'assassiner sous la troisième. Ses héros du jour sont Raoul-Rigault, Frankel, Dombrowski et Pipe-en-Bois. Ses exploits sont la Colonne, les Tuileries, l'Hôtel-de-Ville et des quartiers de Paris en ruines. Ses victimes sont des milliers d'égarés gémissant sur les pontons, des bras sans travail, des familles dans le deuil et dans la misère. Si son règne avait pu durer dix mois seulement, c'en était fait de la France. En présence de ses énormités, le désastre de Sédan n'aurait été qu'une pierre enlevée à un édifice. L'invasion ne nous a qu'appauvris,vaincus,souillés; la Commune, nous aurait déshonorés, éventrés, anéantis;71 aurait dépassé 93 de cent coudées;elle ne s'en serait prise ni aux rois,ni au despotisme, ni à la tyrannie, ni aux préjugés, elle aurait démoli tout en grand et dispersé par là la société actuelle. La vengeance, la haine, la mort auraient dit leur dernier mot, et cette France, qu'elle a trouvée agonisante, aurait reçu son coup de grâce.

Heureusement pour la civilisation qu'on a eu raison de ces lugubres utopistes, que la véritable République a détruit ces plantes parasites sorties des bas-fonds de la société. Heureusement que ces généraux d'estaminet, ces Polonais de la Villette, ces faux marins, ces filles de joie et toute cette écume des bagnes et des carrières d'Amérique, qui a fait ses preuves sur les bancs des cours d'assises, est muselée, emprisonnée, connue, et qu'elle recevra le châtiment qu'elle mérite.

Si, à cet égard, nous devons former un vœu ici, c'est que la justice sache distinguer entre l'innocent et le coupable, entre le méchant et l'égaré, car,si dans cette insurrection, il s'y est rencontré des bandits, il y avait aussi de fervents républicains qui se sont battus, croyant leur cause menacée.

La Commune, pourra un jour représenter un principe, mais aujourd'hui elle n'est considérée que comme le tremplin de la guerre civile, ayant débuté par le sarcasme et sombré par l'incendie.

XII

LA RÉPUBLIQUE DÉMOCRATIQUE

Du dernier et vrai prétendant,de celui qui doit régénérer, reconstruire, émanciper, nous n'en avons encore rien dit : c'est la République démocratique ! Cette République, qui doit nous donner toutes les libertés sans leurs licences; cette République, qui sera puissante, mais probe; juste, mais inflexible; cette République, qui puisera sa gloire et sa grandeur dans le progrès et la sagesse, qui poursuivra l'œuvre de 89, moins ses excès, et 48, moins ses erreurs, cette République, qui s'inspirera des Washington, et des Guillaume-Tell, qui produira encore des Hoche, des Marceau, des Kléber, qui fera encore des soldats comme ceux de Valmy, de Jemmapes, de Fleurus, et des marins comme ceux qui montaient le Vengeur; qui nous a donné les Carnot, les Danton, les Lavoisier, les Chénier; qui a aboli l'esclavage, la féodalité et la peine de mort en matière politique, cette république enfin qui a émancipé le monde entier, qui veut qu'on pense, qu'on écrive, qu'on parle, qu'on s'instruise, qu'on travaille, qu'on progresse et qui mettra en pratique cette symbolique devise: Liberté, Egalité, Fraternité.

Voilà le prétendant qui aspire à émanciper la France d'abord, et l'univers ensuite. C'est la seule forme de gouvernement qui nous garantisse des révolutions, c'est la seule république possible. C'est elle seule qui fera surgir de son sein une constitution convenable à notre esprit politique, qui assayera toutes les libertés publiques sur un piédéstal impérissable et qui se ceindra un jour d'une auréole éblouissante dans les rayons de laquelle tous les peuples de la terre viendront se réfléter. Il nous reste à indiquer les moyens pour arriver à ce but.

La première base d'une société démocratique étant le suffrage universel exprimé dans toute sa plénitude, il faut d'abord qu'on donne aux citoyens l'instruction gratuite et obligatoire, afin que l'électeur puisse connaître ses candidats sans le secours du voisin. Il faut ensuite que le représentant soit imbu des idées nouvelles, afin que si les prétendants que nous venons de passer en revue cherchaient de nouveau à bouleverser la société par leurs vaines ambitions, il se rappelle qu'il a été élu pour défendre la République et qu'au besoin il sache mourir à son poste. Il faut enfin qu'il travaille à détruire les haines, les vengeances, les passions et les aspirations des vieux partis, en pratiquant, par la justice et le désintéressement, le droit et l'égalité pour tous, qu'il abroge les lois liberticides et qu'il en fasse de libérales ; qu'il se souvienne constamment que les emplois publics et les grades dans l'armée ne doivent plus être le monopole du privilége, mais seulement du mérite.

Ceux qui aiment la France grande, l'aisance du travailleur, le développement de l'industrie, l'extension du commerce, la paix et l'ordre dans notre pays, doivent se rallier autour du drapeau qui abrite ces institutions.

Qu'on ne l'oublie pas ; si nous suivons cette route seulement trois ans, nous deviendrons la première nation du globe, parce que Dieu a versé sur nous, plus particulièrement que sur les autres, les éléments nécessaires pour faire un grand peuple.

Mais si nous continuons à nous occuper plus de politique que de travail, de théories malsaines que de pratiques raisonnables, de partis que de patrie, enfin si le marteau, le burin, la charrue, le pinceau, ne reprennent pas leur œuvre, c'en est fait de nous, nous disparaîtrons de la carte géographique et nos descendants diront, en montrant la place que nous occupions dans le monde : ici, était la France.

CONCLUSION

En terminant cet opuscule où nous avons donné en abrégé toutes les vexations auxquelles nos pères ont été en butte pendant les trois derniers siècles, nous ajouterons ces quelques mots que nous voudrions faire entendre à tous les Français : Quelque vaste et sensé que soit le génie d'un homme, il ne faut jamais lui livrer complètement les destinées de son pays. La toute puissance porte en elle une folie incurable qu'on appelle orgueil ou ambition. Un sage de la veille peut devenir un insensé le lendemain, et ce sont toujours les peuples qui expient les fautes de ceux qui les gouvernent. Notre malheureux pays, que tant d'opinions divise et qui serait si grand s'il était uni, doit se rappeler où l'ont conduit les monarchies, et par conséquent n'aspirer qu'à la République démocratique.

FIN

Cannes. — Imp. Nouv. A. Marquès, rue Ste-Marguerite, 3.